W0252230

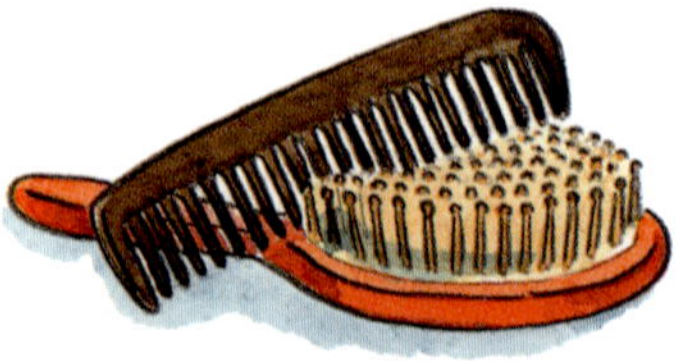

Nach den seit 1.8.2006 verbindlichen Rechtschreibregeln.

Bibliografische Information der Deutschen Nationalbibliothek
Die Deutsche Nationalbibliothek verzeichnet diese Publikation
in der Deutschen Nationalbibliografie;
detaillierte bibliografische Daten sind im Internet
über http://dnb.ddb.de abrufbar.

Das Wort **Duden** ist für den Verlag
Bibliographisches Institut AG als Marke geschützt.

Alle Rechte vorbehalten.
Nachdruck, auch auszugsweise, verboten.
© Bibliographisches Institut AG,
Mannheim 2009 D C B
Redaktionelle Leitung: Eva Günkinger
Lektorat: Sophia Marzolff
Fachberatung: Ulrike Holzwarth-Raether
Herstellung: Claudia Rönsch
Layout und Satz: Michelle Vollmer, Mainz
Illustration Lesedetektive: Barbara Scholz
Umschlaggestaltung: Mischa Acker
Printed in Spain
ISBN 978-3-411-70819-2

Lesedetektive

Zwei Jungs und eine Zicke

Luise Holthausen
mit Bildern von Dirk Hennig

Dudenverlag
Mannheim · Leipzig · Wien · Zürich

Für David

Inhalt

1. Die Neue

Eigentlich ist an diesem Morgen alles wie immer: Jan muss furchtbar früh aufstehen; sein großer Bruder Dennis blockiert stundenlang das Bad; Mama steht davor und hämmert gegen die abgeschlossene Tür. Und unten am Frühstückstisch sitzt Papa und versucht, trotz Mamas Gehämmer die Zeitung zu lesen.
„Dennis nervt", stöhnt Jan, während er seine Cornflakes hinunterschlingt.
Papa schaut von seiner Zeitung auf und grinst.
„Mal sehen, was du sagst, wenn du in die Pubertät kommst."
„Da komm ich nie hin", erwidert Jan voller Überzeugung. Freiwillig dauerduschen und ständig mit irgendwelchen Zicken telefonieren? Das wird ihm garantiert nie passieren!
„Und lass nicht schon wieder die Handtücher auf dem Boden liegen!", schimpft Mama oben vor der Badezimmertür.
Papa vergräbt sich schnell wieder hinter seiner Zeitung. Jan löffelt seine Cornflakes aus und macht sich auf den Weg zur Schule.
Ein Morgen wie immer? In Wahrheit ist überhaupt nicht alles wie immer: Sonst hat sich Jan auf dem

Schulweg nämlich immer mit Axel getroffen. Axel ist sein bester Freund. Sein allerbester Freund. Aber seit einer Woche liegt Axel mit einem gebrochenen Bein im Krankenhaus. Er ist von ihrem geheimen Kletterbaum gefallen, auf den sie bestimmt schon eine Million Mal zusammen geklettert sind. Knack, hat es plötzlich gemacht, und dann lag Axel mitsamt Ast auf der Erde.
Jetzt muss Jan also allein zur Schule gehen. Er muss allein die Schulbank drücken, während der Platz neben ihm leer bleibt. Und er muss auch allein die ganzen Zicken in der Klasse ertragen, vor allem Vanessa, die Oberzicke.
Vanessa hat sich den Namen Oberzicke redlich verdient: Bei den Lehrern tut sie immer total lieb und harmlos. Aber kaum drehen die Lehrer der Klasse den Rücken, dann legt sie los. Und wehe, man wehrt sich als Junge! Dann fängt sie an zu jammern und der Junge ist dran und kriegt eine Strafarbeit.

Im Unterricht spricht die Klassenlehrerin Frau Muth heute mit ihnen über die Fahrradprüfung, die sie nächste Woche machen werden. Jan hört gar nicht richtig zu. Er denkt an Axel, den er am Nachmittag unbedingt im Krankenhaus besuchen will.
Da klopft es an der Tür.
„Herein!“, ruft Frau Muth.
Die Tür geht auf, und herein kommt mit klappernden Cowboystiefeln ein Mädchen.
„Ich bin Lisa“, sagt sie mit heller, klarer Stimme. „Ich bin neu hier.“
Alle starren Lisa an. Sie hat helle Augen und oben auf ihrem Kopf wippt ein brauner Pferdeschwanz, in dem ein dicker, knallroter Käfer sitzt. Sie trägt Jeans mit weiten Beinen und ein kurzes, enges T-Shirt.
So ziehen sich im Moment fast alle Mädchen an.
Aber keines trägt so eine Haarspange und solche Klapperstiefel.
Jan schaut rasch zu Vanessa hinüber.
Ob sie sich über den Zickenzuwachs freut?

Aber Vanessa macht kein besonders erfreutes Gesicht unter ihrem blonden Pony. Vielleicht macht sie sich ja Sorgen, Lisa könnte sie von ihrem Posten als Oberzicke ablösen.

„Ach, Lisa“, sagt Frau Muth. „Dich hatte ich ja ganz vergessen. Sei herzlich willkommen. Kinder, das ist unsere neue Schülerin. Na, wollt ihr Lisa nicht begrüßen?“ Frau Muth wirft einen auffordernden Blick in die Runde.

„Guten Morgen, Lisa“, plappern alle Kinder brav im Chor.

Lisa schlendert durch den Klassenraum. Schritt für Schritt klappert sie mit ihren Cowboystiefeln an allen Bankreihen vorbei.

„Hi, Leute“, antwortet sie. Sie hakt die Daumen in ihren breiten Ledergürtel. „Wo soll ich mich denn hinsetzen?“

„Ja, wo haben wir denn noch einen freien Platz?“, überlegt Frau Muth. Ihr Blick wandert durch die Klasse und bleibt an Axels Stuhl hängen. „Du kannst dich neben Jan setzen, Lisa.“

Jan fährt vor Schreck zusammen. „Das ist Axels Platz“, protestiert er.

Frau Muth zuckt nur mit den Schultern. „Axel ist ja gerade krank. Also setz dich erst mal, Lisa.“

Lisa klappert auf Jan zu und schlüpft neben ihn auf Axels Stuhl. Am liebsten würde Jan sie sofort wieder runterschubsen. Auf Axels Platz hat sie nichts zu suchen!

„Heute werden wir uns also mit den Verkehrsschildern beschäftigen“, fährt Frau Muth mit dem Unterricht fort. Mit kräftigen Strichen zeichnet sie ein achteckiges Schild an die Tafel und schreibt „STOP“ hinein. „Dies ist ein Stoppschild. Was bedeutet das wohl? Nun, es heißt natürlich Stoppschild, weil ...“

Lisa holt ein Heft und ihr Mäppchen aus dem Ranzen. Sie beugt sich über die aufgeschlagene Seite und kritzelt eifrig mit. Der braune Pferdeschwanz wippt ganz leise zu ihren Bewegungen. Dabei sieht der Käfer aus, als würde er in ihrem Haar herumkrabbeln.

Jan schaut sich um. Niemand aus der Klasse schreibt mit. Nicht mal Bianca und die ist immerhin Klassenbeste. Da ist Jan auf einmal alles klar: Diese Lisa ist nicht wie Vanessa. Die ist nicht einmal wie Bianca. Nein, viel schlimmer: Sie ist eine Streberin!

1. Fall: Was stimmt?

Die Neue in der Klasse ist selbstbewusst.

– –

„Und dies ist das Vorfahrtsschild.“ Frau Muth malt an die Tafel. Lisa malt in ihr Heft.
Jan reckt ein wenig den Hals und jetzt kann er ihre Zeichnung sehen: Frau Muth in ihren Gesundheitslatschen, mit einem riesigen, weit aufgerissenen Maul. Vor den spitzen Zähnen schwebt eine Sprechblase. „Blablabla“, spricht das Maul.
Jan ist baff. Dass es auch komische Zicken gibt, hat er noch gar nicht gewusst.
„Schlagt nun bitte euer Deutschbuch auf“, spricht die echte Frau Muth.
„Kann ich mit in dein Buch schauen? Ich hab noch keins“, sagt Lisa zu Jan.
Jan schiebt sein Buch in die Mitte. Lisa beugt sich darüber. Jetzt ist ihr Kopf ganz nah an seinem. Er kann sogar die schwarzen Pünktchen auf ihrem knallroten Käfer sehen. Fast streift ihr Haar seine Wange. Es riecht gut.
Jan schaut noch einmal auf Lisas Zeichnung und muss kichern.

ehrgeizig. —•••

eingebildet. ••—

2. Das Telefon läuft heiß

Am nächsten Tag sitzt Jan nach dem Mittagessen im Wohnzimmer und macht seine Hausaufgaben. Da klingelt neben ihm das Telefon.
„Ich geh schon!“, schreit Dennis aus seinem Zimmer. Dennis blockiert in letzter Zeit nicht nur stundenlang das Bad, sondern auch die Telefonleitung.
Jan schaut ihm zu, wie er die Treppe hinunterrast und an den Apparat hechtet.
„Dennis Lohmann“, keucht er. Dann schmeißt er das Telefon aufs Sofa. „Ist für dich“, nuschelt er. „Axel ist dran.“ Damit verschwindet er wieder die Treppe hinauf.

Jan greift nach dem Hörer. Er freut sich riesig, dass Axel anruft. „Hey, wie gehts dir?“
„Das war super, dass du gestern Nachmittag vorbeigekommen bist“, sagt Axel fröhlich. „Und weißt du das Neuste? Meine Mutter hat mich heute aus dem Krankenhaus abgeholt. Ich hab jetzt nämlich einen Gehgips. Und deshalb darf ich morgen wieder in die Schule.“
„Cool“, meint Jan begeistert.
„Kommst du nachher vorbei? Rumrennen kann ich noch nicht, aber wir können was am Computer spielen.“
„Okay“, sagt Jan. „Ich muss nur noch so ein Blatt mit einem Fahrrad beschriften. Wir haben doch bald Fahrradprüfung. Bis nachher.“ Jan legt auf.
Das Telefon klingelt.
„Ich geh schon!“, schreit Dennis aus seinem Zimmer. Auf der Treppe nimmt er immer zwei Stufen auf einmal. Es donnert und poltert. Unten angekommen macht er einen Riesensatz zum Telefon. Dabei reißt er die gesamte Ladestation mit sich.
Mama schaut um die Ecke. „Was ist denn hier für ein Getöse?“, fragt sie.
„Dennis Lohmann“, schnauft Dennis ins Telefon. Mit zusammengekniffenen Augen stiert er Jan an.

„Moment“, blafft er und schleudert ihm das Telefon zu. „Ist schon wieder für dich.“
Jan ist so überrascht, dass er zu spät die Hände ausstreckt. Das Telefon knallt auf die Erde. Der Akku kracht raus und fliegt durchs Wohnzimmer.
Mindestens genauso laut trampelt Dennis die Treppe wieder nach oben. „Hey, Moment mal!“, ruft Mama. „So kannst du doch unser Telefon nicht behandeln.“
Aber Dennis trampelt weiter, ohne sich umzusehen. Oben knallt seine Zimmertür. Mama rennt ihm hinterher.
Jan kriecht durchs Wohnzimmer und sammelt die Einzelteile vom Telefon zusammen. Das Gespräch ist natürlich weg. Aber als er den Akku wieder eingesetzt hat, klingelt es. Das Telefon ist also nicht kaputt.
„Hallo, Axel“, meldet er sich. „Was ist noch?“
„Hast du deine Hausis schon gemacht?“, antwortet eine helle, klare Mädchenstimme.
Vor lauter Verblüffung stellt Jan eine echt schlaue Frage: „Äh … Bist du das, Lisa?“
„Axel bin ich jedenfalls nicht. Ich blick bei dem Fahrrad und diesen ganzen Lichtern und Strahlern nicht richtig durch. Kannst du mir helfen?“
Jan nickt.
„Wieso sagst du nichts? Ja oder nein?“

„Äh, ja, ich kann dir helfen."
„Dann komm ich jetzt gleich mal bei dir vorbei."
„Wenn das Telefon kaputt ist, kannst du es bezahlen!", schimpft Mama oben in Dennis' Zimmer.
„Das bezahl ich überhaupt nicht!", schreit Dennis.
„Dann zieh ich es dir eben vom nächsten Taschengeld ab!", schreit Mama zurück.
„Ich komme besser bei dir vorbei", murmelt Jan. Dieses Irrenhaus kann man ja keinem Menschen zumuten. Lisa sagt ihm ihre Adresse. Es ist gar nicht so weit. „Okay, bis gleich." Er springt auf, um sich fertigzumachen, als schon wieder das Telefon klingelt. „Hallo?", ruft er in den Apparat.
„Wo ist denn Mama?", fragt Papa am anderen Ende der Leitung. „Dennis scheint mal wieder Dauergespräche zu führen. Es war ständig besetzt."

Oben knallt die Tür. Mama erscheint auf der Treppe. Sie sieht ziemlich aufgelöst aus. „Ist das für mich?“, fragt sie.
„Papa ist dran.“ Beinahe hätte Jan ihr das Telefon zugeworfen, so eilig hat er es auf einmal. Er stürmt zur Tür.
„Hey, Moment mal!“, ruft Mama. „Sind denn meine Söhne heute alle verrückt geworden? Wo willst du hin?“
„Bin gleich wieder da!“ Bevor Mama nach seinen Hausaufgaben fragen kann, zieht Jan schnell die Tür hinter sich zu.

3. Der geheime Baum

Zum ersten Mal in seinem Leben ist Jan von einem Mädchen angerufen worden. Und zum ersten Mal in seinem Leben steht er nun vor einem Haus, in dem ein Mädchen wohnt. Ein komisches Gefühl. Jan weiß gar nicht, ob er das Gefühl gut findet oder nicht.
Er hat die Klingel nur angetippt, da wird die rote Tür schon aufgerissen. Vor ihm steht eine Minizicke. Und das gleich in doppelter Ausführung.
„Hallo", quietscht die eine Minizicke. „Wer bist du?"
„Hallo", quietscht die andere Minizicke. „Zu wem willst du?"
Es klappert im Flur. „Das ist Jan", sagt Lisa. „Er will zu mir." Und zu Jan, der immer noch in der Tür steht und wie bekloppt die Minizicken anstarrt, sagt sie: „Das sind meine Schwestern Pia und Mia. Zwillinge, wie man sieht. Komm rein."
Jetzt starrt Jan wie bekloppt Lisa an. Lisa sieht ganz anders aus als in der Schule. Sie trägt ein Kleid, ein blaues Kleid mit weißen Punkten. In ihrem Pferdeschwanz flattert ein himmelblauer Schmetterling.
„Komm", wiederholt Lisa. „Wir gehen in mein Zimmer." Sie zieht Jan mit sich. Die beiden Minizicken folgen ihnen auf dem Fuße.

„Was macht ihr jetzt?“, fragt die eine.

„Dürfen wir mitmachen?“, fragt die andere.

„Nein, dürft ihr nicht.“ Lisa schlägt ihnen die Tür vor der Nase zu. Sie geht zu ihrem Schreibtisch, der ungefähr so aussieht wie der von Jan: voll beladen und unordentlich. „Hilfst du mir jetzt bei diesem Blatt mit dem Fahrrad?“

„Wo ist denn deine Zeichnung?“, fragt Jan. „Wir sollten doch das Fahrrad zeichnen.“

„Hab ich nicht.“

„Wieso nicht?“ Jan ist verblüfft. „Du kannst doch so gut zeichnen.“

„Ich hab nur das hier.“ Lisa zieht ein Blatt aus ihrem Ranzen. Darauf sieht man ein Fahrrad mit verbeultem Rahmen und platten Reifen. Auf dem krummen Ding thront riesengroß eine dicke Frau mit Gesundheitslatschen. Frau Muth auf dem Fahrrad.

Jan fängt an zu kichern. „Nee, das kannst du nicht für unsere Hausaufgabe nehmen. Wenn Frau Muth das sieht, kippt sie noch aus ihren Latschen.“

„Vielleicht zeichnet sie uns ja auch. So.“ Lisa nimmt ein leeres Blatt und zeichnet mit wenigen Strichen ein windschnittiges Rennrad, auf dem ein Kind sitzt und seine Zunge rausstreckt. „Ich glaube, ich kann überhaupt kein normales Fahrrad zeichnen.“

Aber Jan kann das. Er nimmt ein neues Blatt und zeichnet ein absolut stinklangweiliges, normales Fahrrad. „Jetzt musst du es beschriften. So.“ Er fängt an zu schreiben: Rücklicht. Rückstrahler …
Lisa beugt sich über das Blatt. Der blaue Schmetterling flattert ganz nah an Jans Gesicht. Ihr Haar riecht frisch gewaschen. Es erinnert Jan daran, dass er das letzte Mal vor drei Tagen geduscht hat. Oder vor vier. Oder fünf. Das weiß er nicht mehr so genau.
Leise öffnet sich die Tür. „Kuschelt ihr gerade?“, piepst eine Stimme durch den Spalt.
„Küsst ihr euch jetzt gleich?“, piepst die andere Stimme.
Lisa springt auf. Das ist gut so. Da kann sie nicht sehen, dass Jan knallrot geworden ist. „Raus hier!“, schreit sie.
„Du bist gemein“, heult die eine Minizicke los.
„Du bist ’ne blöde Schwester“, plärrt die andere Minizicke.

„Streitet ihr schon wieder?“, ertönt von irgendwoher eine mütterliche Stimme.
Nicht nur in Jans Familie scheint es wie im Irrenhaus zuzugehen.
„Geschwister sind einfach die Pest“, stöhnt Lisa. „Komm, lass uns abhauen. Hier haben wir nie Ruhe.“
Sie schnappt sich das Blatt, greift nach Jans Hand und zieht ihn zur Tür hinaus. „Wo gehen wir jetzt hin?“
Jan hat ein bisschen weiche Beine. Er weiß nicht genau, warum. Und so richtig denken kann er auch nicht. Vielleicht lenkt ihn Lisas Hand ab, die er fest und warm in seiner spürt.
„Ich weiß nicht“, quetscht er heraus. „Irgendwohin, wo keiner nervt.“ Ein geheimer Ort müsste es sein.
Und dann weiß er es doch. Er kennt ja einen geheimen Ort!
„Komm mit“, sagt er.

Und dann führt er Lisa ins Wäldchen. Am Anfang halten sie sich noch an den Händen. Später müssen sie sich loslassen, weil die Büsche so dicht werden und sie nur hintereinander laufen können.
Jan geht voraus. Manchmal wirft er einen Blick über die Schulter, ob Lisa in ihrem blauen Kleid überhaupt mitkommt. Aber sie folgt ihm mit Leichtigkeit. Wie ein Reh. Oder ein Schmetterling. Ein blauer Schmetterling.
„Hier ist es“, sagt Jan und bleibt vor dem Kletterbaum stehen.
Lisa legt den Kopf in den Nacken. „Der ist ganz schön hoch.“
„Da bin ich mit Axel immer raufgeklettert. Aber dann ist unser Lieblingsast gebrochen und Axel ist abgestürzt.“ Als er das erzählt, kribbelt es in Jans Bauch. Irgendwas war da noch. An irgendwas muss er noch denken.
Lisa schüttelt sich. „Ich klettere nie auf Bäume“, sagt sie und setzt sich auf eine knorrige Wurzel. „Da wird mir schwindlig. Mein Papa sagt, das ist Höhenangst.“
Lisa ist ein komisches Mädchen. Die trägt Cowboystiefel zu Kleidern, obwohl so was sonst kein Mensch anzieht. Die kann schräge Bilder zeichnen, aber nicht mal so was Einfaches wie Fahrradteile beschriften.

Und die hat nicht nur Angst, auf Bäume zu klettern, sondern gibt das auch noch zu. Echt, so ein komisches Mädchen hat Jan noch nie kennengelernt.
Er setzt sich neben sie auf die Wurzel.

„Hast du auch Geschwister?“, fragt Lisa.

„Ja, einen großen Bruder.“

„Der nervt bestimmt nicht, weil er ständig mitmachen will.“

„Nein“, meint Jan, „der nervt anders.“

Und dann erzählt er, wie Dennis vorhin das Telefon durchs Wohnzimmer geschmissen hat.

Lisa fängt an zu lachen. Ein Schmetterlingslachen. Es klingt hell und klar und irgendwie so, dass man gar nicht möchte, dass es je wieder aufhört.

Dabei müsste Jan jetzt eigentlich Lisas Fahrradblatt beschriften, das in seiner Hand knittert. Und eigentlich müsste er auch dringend nach Hause, damit Mama nicht schimpft. Und dann müsste er noch irgendwas, das will ihm aber gerade absolut nicht einfallen.

Viel lieber erzählt Jan noch ein paar Dennis-Geschichten. Es gibt ja genügend. Dann kann er auch noch ein bisschen Lisas Schmetterlingslachen hören. Alles andere hat Zeit bis später.

4. Stress mit Axel

Am nächsten Morgen steht Jan ein paar Minuten früher auf als sonst. Er muss unbedingt noch duschen. Er ist ja ganz dreckig von dem Waldbesuch gestern.
Dennis steht vor dem Bad und hämmert gegen die abgeschlossene Tür. „Wie lange brauchst du denn?“, brüllt er. „Ich will auch noch rein.“
Auf der Spiegelablage stehen die ganzen Fläschchen, mit denen Dennis sich immer einnebelt. Jan sprüht vorsichtig etwas davon unter seine Achseln.
„Na, endlich“, murrt Dennis, als Jan aus dem Bad kommt. Er verzieht die Nase und beäugt ihn misstrauisch. „Wonach stinkst du denn?“
„Ich stinke genau wie du“, kontert Jan und hüpft die Treppe runter.
Papa schaut von seiner Zeitung auf. „Wonach riecht es denn hier?“
„Das ist mein Deospray“, mault Dennis von oben.

„Dieses Stinktier hat einfach ohne zu fragen mein Deo benutzt."
Papa fängt schallend an zu lachen. „Willkommen im Club", prustet er.
Mama ächzt: „Nein! Nicht noch ein Sohn mit Frühlingsgefühlen! Das halten meine Nerven nicht aus."
Jan versteht kein Wort. Was für ein Club und was für Frühlingsgefühle? „Ich geh dann", sagt er schnell und rennt aus dem Haus.
Der Weg zur Schule ist weit, wenn man ihn alleine gehen muss. Wenn man ihn alleine rennen muss, weil man morgens zu lange im Bad gebraucht hat, ist er noch weiter. Jan keucht wie eine Dampflokomotive, als er endlich am Schultor ankommt. Der Schulhof ist leer. Die anderen sind schon im Raum. Er ist wirklich spät dran.
Keuchend reißt er die Tür zum Klassenzimmer auf. Da sitzt auf Axels Platz – Axel. Ganz normal, so als wäre er nie weggewesen. Axel! Also den hat er ja nun wirklich total vergessen.

2. Fall: Was bedeutet „Frühlingsgefühle haben"?

Gefühle im Frühling haben

••—•

„Irgendwie spinnen hier alle“, knurrt Axel ohne eine Begrüßung. Er macht ein finsteres Gesicht. „Gestern Nachmittag bist du einfach nicht gekommen. Und heute wollte sich diese neue Zicke auf meinem Platz breitmachen. Ich hab ihr gleich gesagt, sie soll Leine ziehen, und jetzt hockt sie neben Vanessa.“
Er schnüffelt. „Wonach riechst ’n du?“
Jan rückt ein bisschen von ihm ab. „Dennis hat gestern totalen Stress gemacht“, murmelt er. „Es war echt die Hölle los.“
„Na und?“, sagt Axel. „Bei euch ist doch ständig die Hölle los.“
In der Klasse ist auch die Hölle los. Die anderen Kinder sitzen nicht auf ihren Stühlen, sondern turnen auf den Bänken herum oder laufen durchs Klassenzimmer. Keine Spur von Herrn Böhm, bei dem sie jetzt eigentlich Kunst hätten. So laut ist es, dass Jan nicht mal Lisas Geklapper hört. Bis sie auf einmal neben ihm steht und zu ihm sagt: „Ich hab dein Fahrrad gestern noch mal abgemalt. Dann ging es wirklich leicht mit dem Beschriften.“

Gefühle über den Frühling haben

• • — —

verliebt sein

— •

Sie zieht die Nase kraus. „Wonach riecht es hier eigentlich?“

„Es stinkt nach blöden Typen.“ Vanessa reckt den Hals über Lisas Schulter.

„Hau ab, du Zicke!“, ruft Axel. Er scheint heute echt nicht gut drauf zu sein.

„Mäh!“, blökt Vanessa.

„Mäh! Mäh!“, fallen Jennifer und Bianca ein. Und im nächsten Moment blökt und meckert die halbe Klasse.

„Was ist denn das hier für ein Lärm?“ Frau Muth hat sich unbemerkt ins Klassenzimmer geschlichen. Schlagartig hört das Gemecker auf. Es wird still. Die Kinder huschen auf ihre Plätze. „Man kann euch bis in die Nachbarklassen hören.“ Frau Muth zieht eine Grimasse. „Hier ist ganz schlechte Luft.“

Bianca reißt sofort das Fenster auf.

„Ich werde jetzt klären, ob euer Lehrer krank geworden ist. Bis dahin bleibt ihr still auf euren Plätzen und schreibt eine Geschichte über einen Fahrradausflug.“

3. Fall: „Leine ziehen“ bedeutet „verschwinden“. Diese Redewendung kommt aus der Schifffahrtssprache.

Die Klasse stöhnt. Nur Vanessa antwortet artig: „Jawohl, Frau Muth."

Frau Muth geht wieder hinaus.

Als die Tür hinter ihr zufällt, setzt leises Gemurmel ein. „Ich passe auf euch auf!" Vanessa springt auf und stolziert vor der Tafel hin und her. Ein paar Jungs fangen an, Papierflieger nach ihr zu werfen. Jan beugt sich tief über sein Heft und kritzelt irgendwelches sinnloses Zeug.

Axel starrt die ganze Zeit bloß Jan an. Er sieht aus, als würde er gleich samt Gipsbein vom Stuhl kippen. Dann murmelt er: „Moment mal …" und schnappt sich seine Krücken. „Komm mal mit raus vor die Tür, wir haben was zu klären."

„Hey, ihr dürft nicht raus!", ruft Aufpasserin Vanessa. „Die Stunde ist noch nicht um."

Axel macht eine Geste mit dem Mittelfinger und humpelt zur Tür. Jan trottet hinter ihm her.

„Das sag ich, das sag ich!", kreischt Vanessa. Sie kreischt noch mehr, aber das hören sie nicht mehr so genau.

Jägersprache.

•–•

Technikspräche.

––•

Draußen auf dem Schulhof bleibt Axel stehen und dreht sich zu Jan.
„Wann hast du Lisa ein Fahrradbild gemalt?“, fragt er grimmig.
Was soll Jan darauf sagen? Richtig angelogen hat er Axel noch nie. Axel ist doch schließlich sein bester Freund. „Gestern Nachmittag. Sie hat die Hausaufgaben nicht geblickt.“
Auge in Auge stehen sie sich gegenüber, wie bei einem Duell. Jan würde sich nicht wundern, wenn Axel jetzt gleich schneller zieht als sein Schatten und ihn umbläst.
„Ich warte die ganze Zeit auf dich und du triffst dich währenddessen mit ’ner Zicke?“ Axel hebt eine Krücke und zielt damit auf Jan. „Das gibt Rache“, stößt er mit dumpfer Stimme hervor, „du wirst schon sehen …“ Dann dreht er sich um und humpelt auf seinen Krücken davon.

5. Der Wettkampf

Zu Hause kann Jan sich nicht auf seine Hausaufgaben konzentrieren.
Schließlich wählt er mit Herzklopfen Lisas Nummer. Er will ihr die Sache mit Axel erklären. Dass der sein bester Freund ist und so.
„Hallo?“ Das ist eine der beiden Minizicken.
„Kann ich Lisa sprechen?“
„Wer bist du denn?“, piepst die Minizicke.
„Ist doch egal“, ruft Jan ungeduldig. „Ich will Lisa sprechen.“
„Das geht aber nicht“, piepst die Minizicke. „Die ist schon mit einem Axel verabredet. Zum Computerspielen.“
Jan fällt fast der Hörer aus der Hand. Axel? Was will sie denn mit dem? Und seit wann interessieren sich Mädchen für Computerspiele? Aber bei Lisa weiß man ja nie so genau. Bei der ist sowieso alles anders, als man denkt.
Langsam legt Jan den Hörer auf. Das hat Axel also mit Rache gemeint. Er hat Jan eiskalt abgehängt …
Aus Dennis' Zimmer dringt höllisch laute Musik. Das macht er nur, wenn die Eltern nicht da sind. Jan geht die Treppe hoch und steckt den Kopf zu ihm rein.

„Kann ich dich was fragen?“, brüllt er.
Dennis dreht die Musik eine Spur leiser. „Nerv mich nicht, Kleiner“, schnappt er unwirsch.
„Ich brauche aber deine Hilfe.“
„Lass mich bloß in Ruhe. Ich gebe keine Nachhilfe.“
„Ich will auch keine Nachhilfe. Nicht so richtige. Nur Nachhilfe wegen einem Mädchen.“
Dennis dreht die Musik noch eine Spur leiser. „Und was willst du wissen?“, fragt er.
Jan druckst ein bisschen herum. „Wie man es macht, dass sie einen toller findet als alle anderen Typen.“
„Alles klar.“ Ein Grinsen gleitet über Dennis’ Gesicht. Aber es ist kein hämisches Grinsen. Eher ein freundliches. „Du musst natürlich top aussehen. Sweatshirts mit Micky Maus oder Käpt’n Blaubär kommen nur im Kindergarten gut. Haarestylen und so was ist auch angesagt. Aber diskret. Mädels stehen nicht drauf, wenn man stinkt wie ’ne ganze Drogerie.“
Jan spürt, wie sich seine Wangen röten.
„Und was soll ich mit ihr machen?“, fragt er. Es muss schließlich etwas Besonderes sein, wenn er Axel ausstechen will.
„Etwas, was der andere nicht mit ihr machen kann.“
Jan überlegt. Axel hat das bereits geschafft. Er hat etwas für Lisa gefunden, was Jan ihr nicht bieten

kann. Von neuen Computerspielen kann er nämlich nur träumen. Er kriegt höchstens die uralten von Dennis, die der längst nicht mehr spielen mag.
Da hat Jan einen blitzartigen Einfall. Einen blitzartigen Supereinfall! Mit einem Gipsbein und Krücken kann Axel nämlich nicht so besonders viele Sachen machen. Zum Beispiel kann er nicht selbst zur Schule gehen, sondern muss von seinen Eltern gefahren werden …
„Ich weiß schon was!“, ruft er und sprintet zur Tür. „Danke, Dennis!“
„Keine Ursache, Kleiner“, antwortet Dennis und dreht die Musik wieder lauter.

Am nächsten Morgen steht Jan eine Stunde früher auf als sonst. Erst duscht er. Dann geht er zu Lisa, was eigentlich ein Umweg ist, und wartet vor der roten Tür von ihrem Haus, bis sie herauskommt.
„Wie wars gestern bei Axel?“, überfällt er Lisa, noch bevor sie „Hi“ oder „Guten Morgen“ oder so was wie „Was machst du denn hier?“ sagen kann.
Insgeheim hofft er, dass sie antwortet: „Total daneben. Superblöd. Unterste Schublade.“ Oder dass sie ihn anschaut und schmachtet: „So frisch geduscht siehst du toll aus. Ab jetzt treffe ich mich nur noch mit dir.“
Stattdessen fängt sie an, von irgendwelchen Missionen bei irgendeinem Computerspiel zu reden, das Jan natürlich nicht kennt. Und zum krönenden Abschluss bemerkt sie: „Axel ist echt nett. Vanessa hat gesagt, er ist dein bester Freund.“
Jan knurrt bloß. Da ist Vanessa nicht ganz auf dem neusten Stand.
Als sie zusammen auf dem Schulhof ankommen, beißt Jan die Zähne aufeinander. Er kann sich denken, was jetzt kommt. Aber es ist ihm egal. Er darf schließlich nicht schon wieder Axel das Feld überlassen.

Und sie sind kaum auf dem Schulhof angekommen, da geht es auch schon los.

„Jan und Lisa, das Liebespaar!“, schreit Vanessa.

„Jan und Lisa, die Turteltäubchen!“, fällt Jennifer ein.

„Jan und Lisa, das Hochzeitspaar!“ Im Schlepptau der beiden Oberzicken wagt auch Streberin Bianca eine kesse Lippe.

„Hi, Lisa, bist du zu Hause bei dem Spiel noch weitergekommen?“ Das ist Axel.

Jan bricht beinahe zusammen. Axel hat Lisa das Computerspiel sogar ausgeliehen! Das hat er noch nie bei einem neuen Spiel gemacht. Nicht einmal bei seinem besten Exfreund Jan.

„Ich konnte nicht weiterspielen“, sagt Lisa. „Ich musste auf Mia und Pia aufpassen.“

„Wir können ja heute zusammen weiterspielen“, schlägt Axel vor.

„Axel und Lisa, das Liebespaar!“, schreit Vanessa.

„Axel und Lisa, die Turteltäubchen!“, fällt Jennifer ein.

Bevor Bianca die beiden auch noch zum Hochzeitspaar erklären kann, unterbricht Jan sie hastig: „Heute trifft sich Lisa mit mir. Wir fahren zusammen Fahrrad. Stimmts, Lisa?“

Lisa nickt. „Ja, das können wir machen.“

Um sie herum wird es still. Die anderen Mitschüler glotzen mit großen Augen und offenen Mündern.

Und in der nächsten Zeit haben sie noch mehr zu glotzen und zu staunen. Am nächsten Tag verabredet sich Axel nämlich mit Lisa zum Monopolyspielen.

4. Fall: Was ist richtig?

Jan und Axel

kandidieren miteinander.

....

Am übernächsten Tag verabredet Jan sich mit Lisa zum Tischtennis. Danach trifft Axel sich mit Lisa zum Lernen für die Mathearbeit. Und Jan trifft sich mit Lisa zum Spielen im Wäldchen. Und Axel geht mit Lisa ins Kino. Danach braucht Jan noch mal Nachhilfe von seinem großen Bruder.

„Lass dir was ganz Tolles einfallen“, rät Dennis ihm. „Den absoluten, totalen, supercoolen Oberknaller.“

Ziemlich mutlos trottet Jan am nächsten Tag seinen Schulweg mit Lisa. Vor lauter Nachdenken hört er gar nicht zu, was sie ihm von ihrem gestrigen Treffen mit dem großartigen Axel erzählt.

„Hi, Lisa“, ruft Axel, kaum sind Jan und Lisa auf dem Schulhof angekommen. „Wollen wir heute Nachmittag zusammen Hausis machen?“

„Wollen wir heute Nachmittag zusammen schwimmen gehen?“, fragt Jan gleichzeitig. Das ist er! Der absolute, totale, supercoole Oberknaller! Schwimmen gegen Hausis. Jetzt ist Axel erledigt.

„Ich kann heute nicht“, sagt Lisa. „Ich bin schon mit jemand anderem verabredet.“

konkurrieren miteinander.

— — • •

konsumieren miteinander.

— • —

6. Vier unter dem Kletterbaum

Jan ist sprachlos. Er kann nichts mehr sagen. Weder zu Lisa noch zu Axel noch zu sonst wem. Er meldet sich nicht im Unterricht, obwohl sogar er weiß, was 184 – 37 ist. Und er bringt auch kein Wort heraus, als er ein lustiges Gedicht aus dem Deutschbuch vorlesen soll.

Er ist einfach verstummt.

„Wann fängst du denn endlich an zu lesen?“, fragt Frau Muth.

„Ich glaube, er hat sein Buch vergessen“, sagt Axel.

„Dann lass ihn in deins reinschauen.“ Frau Muth wendet sich an Lisa. „Kannst du uns das Gedicht vorlesen?“

Axel schiebt sein Buch in die Mitte. Jan starrt auf die Buchstaben. Sie tanzen vor seinen Augen, während er zuhört, wie Lisas helle, klare Stimme das Gedicht vorträgt.

„Danke“, murmelt Jan.

„Keine Ursache“, murmelt Axel zurück.

5. Fall: Lisa bemerkt Jans Kummer nicht. Wie heißt es im Text?

Lisa schlendert an ihm vorbei. „Bis morgen“, ruft sie.

• – –

Nach der Schule packt Jan in Zeitlupe seine Sachen ein. Lisa hüpft an ihm vorbei. „Bis morgen“, ruft sie. Jan schleppt sich zum Schultor. Axels Mutter ist gerade vorgefahren und lädt seine Krücken ins Auto. „Willst du mitfahren, Jan?“, fragt sie.
„Ja, genau“, sagt Axel. „Willst du?“
Jan nickt. Fahren ist gut. Auch wenn es Axels Auto ist. Aber zu Fuß würde er heute wahrscheinlich drei Stunden nach Hause brauchen.
Axel hievt sein Gipsbein auf den Beifahrersitz. Jan hängt sich auf die Rückbank.
„Ich muss gleich wieder zur Arbeit“, sagt die Mutter. „Aber ich habe zwei Pizzas zu Hause. Und deiner Mutter kann ich auch gleich Bescheid sagen. Willst du mit Axel zu Mittag essen, Jan?“
„Ja, genau“, sagt Axel. „Willst du?“
Jan zögert nur kurz. „Okay, ich will“, antwortet er. Bei Axel setzen sie sich an den Tisch und stopfen stumm das Essen in sich hinein. Das heißt, Axel stopft. Jan kriegt kaum einen Bissen herunter.
„Du nervst heute total“, sagt Axel.

„Bis morgen“, ruft Lisa und hüpft an ihm vorbei.

—••—

Lisa hüpft an ihm vorbei. „Bis morgen“, ruft sie.

••

„Ich sag doch gar nichts.“
„Eben. Es ist voll blöd, sich mit ’nem stummen Fisch anzuöden.“
Jan schaut sich im Zimmer um. An der Wand tickt eine Großvateruhr, im Schrank stehen lauter Porzellantiere und aus tausend Bilderrahmen grinsen ihn irgendwelche Leute an.
„Aber hier kann man doch nicht reden“, bricht es aus Jan heraus.
„Auf dem geheimen Kletterbaum gehts aber auch nicht“, sagt Axel und wippt mit seinem Gipsbein. Obwohl er nicht mehr Jans Freund ist, versteht er immer noch, was Jan meint. „Da komm ich noch nicht wieder hoch.“
„Unter dem Kletterbaum gibts auch ’ne geheime Wurzel“, murmelt Jan und spürt, wie er dabei rot wird.

Auf der Wurzel hat er mit Lisa gesessen.
Axel greift zu seinen Krücken. „Dann los, beweg dich." Jan starrt ihn an.
„Schaffst du's denn bis zum Kletterbaum?"
„Logo schaff ich das." Axel humpelt schon zur Tür.
„Ich werde nur ein bisschen länger brauchen."
Ein bisschen ist untertrieben. Axel braucht Jahrhunderte für den Weg zum Kletterbaum. Er stakst durch das Wäldchen und manchmal hebt er eine Krücke und schlägt rechts und links auf die Zweige, als würde er sich mit einer Machete durch den Dschungel kämpfen.
Aber er schafft es wirklich. Schnaufend lässt er sich auf die Wurzel unter dem Kletterbaum fallen. Jan setzt sich neben ihn.
Eine Weile hocken sie stumm nebeneinander. Auf einer geheimen Wurzel macht das aber nichts aus. Da ist sogar das Schweigen anders.
„Das war gemein von dir", sagt Axel dann.
„Ja", gibt Jan zu. „Das war echt gemein von mir."
Damit ist es endlich ausgesprochen. Dass es gemein von Jan war, die Verabredung zu vergessen. Dass es gemein war, Lisa ihren geheimen Treffpunkt zu zeigen.

Es ist ausgesprochen und irgendwie ist es auch verziehen. Unter dem Kletterbaum geht so was. Unter dem Kletterbaum kann man sogar noch ganz andere Sachen aussprechen. „Mit welchem verdammten Typ ist Lisa heute bloß verabredet?“, sagt Jan.
„Wahrscheinlich mit irgendeinem Schleimer aus der 4 a.“
„Oder aus ihrer alten Schule.“
„Jedenfalls geht Lisa ihn mal so was von überhaupt nichts an“, knurrt Axel. „Der Blödmann soll sich lieber um die ganzen anderen Zicken kümmern.“
Jan nickt. Genau das ist es. Die Zickenauswahl ist ja schließlich groß genug. „Und was machen wir jetzt?“
„Wir nehmen die Sache in die Hand“, erwidert Axel entschieden. „Und zwar gemeinsam.“
Als sie wieder bei Axel sind, ruft Jan erst einmal Mama an. „Wie lange darf ich noch bei Axel bleiben?“, fragt er. „Wir wollen zusammen Mathehausis machen.“
„Du musst erst zum Abendessen nach Hause kommen.“ Mama ist großzügig.

6. Fall: Jan entschuldigt sich bei Axel mit den Worten:

„Das war gemein von mir.“

–

Wahrscheinlich denkt sie, mit der Hilfe des Mathegenies Axel wird Jan genau so ein Mathegenie.
Sie setzen sich zwischen Großvateruhr, Porzellantiere und Grinsegesichter, und Axel rechnet in Überschallgeschwindigkeit ihr Matheblatt durch. Jan schreibt alles ab. Sie haben schließlich keine Zeit zu verschwenden.
Danach holt Jan Axels Fahrrad aus dem Keller. Gemeinsam fahren sie zu Lisas Haus.
Jan tritt in die Pedale und Axel schaukelt mit Gipsbein und Krücken auf dem Gepäckträger. Es ist ganz schön schwer, so zu fahren, ohne Axel auch noch das andere Bein zu brechen.
„Wir dürfen nicht zu nah ran", warnt Axel.
„Weiß ich doch." Jan hat schon genug Detektivgeschichten gelesen. Jemand, der beschattet wird, darf davon natürlich nichts merken. „Wir können uns hinter den Mülltonnen verstecken."
Die Mülltonnen sind ein gutes Versteck. Sogar Axel kann sich dahinter verkrümeln, und der braucht im Moment etwas mehr Platz als andere. Außerdem

„Das war echt gemein von mir."

–·–·

„Das war sehr gemein von mir."

·–

kann man von dort aus wunderbar beobachten,
wie sich die rote Haustür öffnet.
Bloß öffnet sich diese rote Tür nicht.
„Vielleicht kommt der Blödmann sie besuchen“, vermutet Jan nach einer halben Stunde.
„Der kann aber auch nicht durch Wände gehen.“
Stimmt. Auch der Blödmann muss durch die rote Tür.
„Vielleicht ist sie längst weg“, vermutet Jan nach einer weiteren halben Stunde.
„Lisa darf sich aber immer erst um drei verabreden. Nach den Hausaufgaben.“
Stimmt. Und sie sind seit halb drei auf ihrem Beobachtungsposten. Sie warten noch eine halbe Stunde.
Axel stöhnt leise vor sich hin. Es ist unbequem, mit einem Gipsbein auf der Erde zu hocken.
Eine leise Hoffnung schleicht sich in Jans Herz.
„Vielleicht hat sie ihm abgesagt. Vielleicht ist er ihr doch zu blöd.“
Die Hoffnung versickert wieder, denn plötzlich kommt Jan noch ein anderer Gedanke. Ein Gedanke, der so ungeheuerlich ist, dass er ihn kaum aussprechen kann.
„Vielleicht … vielleicht hat sie ihn zum Mittagessen eingeladen und er ist längst drin.“
Jan und Axel starren sich an.

Das darf nicht wahr sein! Nicht Jan sitzt mit Lisa am Tisch, nicht Axel sitzt mit ihr am Tisch, sondern der Blödmann!
Axel rappelt sich hinter den Mülltonnen hoch. „Ich geh da jetzt rein. Ich will es jetzt wissen."
„Wo gehst du jetzt rein?", piepst ein Stimmchen.
„Was willst du jetzt wissen?", piepst ein zweites Stimmchen.
Jan fährt herum. Axel fällt vor Schreck zurück auf seinen Po.
Hinter ihnen stehen die beiden Minizicken und beäugen sie neugierig.
„Warum kriecht ihr hinter unseren Mülltonnen rum?", fragt die eine Minizicke.
„Halt die Klappe", faucht Axel und rappelt sich zum zweiten Mal hoch.
„Warum bist du so gemein?", fragt die andere Minizicke.
„Wir wollen bloß wissen, wer bei Lisa rumhängt", sagt Jan.

„Lisa ist aber gar nicht zu Hause, bäh." Die Minizicken strecken ihm die Zunge raus. „Lisa ist durch den Garten weggegangen, bäh."
Jan stöhnt. Na klar, zwei Ausgänge! Was für ein Anfängerfehler!
„Und wir verraten dir auch nicht, dass sie auf den Spielplatz gegangen ist, bäh!"
Jan wird ganz schwach. Dieser Blödmann kann nur ein Supertyp sein, wenn Lisa für ein bisschen Kinderspielplatz eine Verabredung ins Schwimmbad ausschlägt. „Ich glaub, ich geh jetzt nach Hause", murmelt er.
„Nichts da!" Axel packt seine Krücken. „Erst musst du mich zum Spielplatz karren."
Also lädt Jan ihn wieder auf den Gepäckträger und strampelt zum Spielplatz. Er hat zwar keinen Schimmer, was sie eigentlich machen sollen, wenn sie Lisa und dem Blödmann gegenüberstehen. Aber Axel

wird schon wissen, was er tut. Dafür hat man ja einen Freund. Damit der das weiß, was man selber nicht weiß.
Auf dem Spielplatz sind tausend Kinder. Wer von denen wohl der Blödmann ist? Im Sandkasten buddeln die Knirpse. Die kommen nicht in Frage. Auf der Schaukel sitzt ein Mädchen und schwebt beinahe in den Himmel. Die kommt auch nicht in Frage. Am Klettergerüst hängen ein paar Jungs. Da könnte er dabei sein. Oder er ist einer von den Angebern auf der Rutsche, die sich streiten, wer als Erster dran ist. Blödmänner müssen sich ja immer zoffen.
Lisa schaukelt auch. Neben dem schwebenden Mädchen steht sie mit ihren Cowboystiefeln auf der Schaukel und schwingt sich hin und her. Ihr blaues Kleid flattert im Wind. Der Schmetterling in ihren Haaren flattert mit.
Axel rutscht vom Gepäckträger. Jan fällt fast vom Sattel. Er lässt das Fahrrad los und es knallt auf die Erde. Jan lässt es einfach liegen. Er hat keine Kraft, es aufzuheben. Mit weichen Knien schleppt er sich zur Schaukel.
„Hallo, Lisa“, quetscht er hervor. Mehr bringt er nicht heraus. Er kann doch nicht sagen: Wer von den Blödmännern hier ist denn dein Blödmann?

„Hi, Jungs“, antwortet Lisa. „Kennt ihr Kim schon?“ Und das Mädchen neben ihr springt am höchsten Punkt ab, landet elegant auf ihren Füßen und sagt ebenfalls: „Hi, Jungs.“
Wenn man jemanden mit offenem Mund anglotzt, dann sieht man ziemlich bescheuert aus. Jan und Axel sehen beide bescheuert aus.
Aber Kim sieht schön aus. Sie hat schwarze Haare, die sich um ihr Gesicht schmiegen, und dunkle schräge Augen. Jan kann überhaupt nicht aufhören, sie anzuglotzen und bescheuert auszusehen.
„Kim wohnt neben mir“, erzählt Lisa. „Sie ist meine neue Freundin. Wollen wir was zusammen machen? Wir haben keinen Bock mehr zum Schaukeln.“
Jan und Axel werfen sich nur einen kurzen Blick zu, dann sagen sie gleichzeitig: „Wir können ins Wäldchen gehen. Kim kennt den Kletterbaum noch nicht.“
Und so schleppt sich Axel zum zweiten Mal an diesem Tag mit seinem lästigen Gipsbein durch das Wäldchen.
Aber Jan und Lisa und Kim helfen ihm.

7. Fall: Was stimmt?

Mit weichen Knien

schleppt sich Jan zur Schaukel.

Lisa stützt ihn links und Kim stützt ihn rechts. Jan trägt seine Krücken und schlägt die Zweige zur Seite. So geht es ganz gut.
Unter dem Kletterbaum setzen sie sich auf die Wurzel. Es ist ziemlich eng, aber sie haben gerade so zu viert nebeneinander Platz. Axel sitzt zwischen Jan und Lisa. Jan sitzt zwischen Axel und Kim.
Und das fühlt sich gut an. Verdammt gut.

schleppt sich Axel zur Schaukel.

••––

schleppen sich die beiden zur Schaukel.

•––•

Was sagst du dazu?

1. Hast du auch schon mal eine Verabredung mit einem Freund oder einer Freundin vergessen? Was waren die Gründe dafür?

2. Jan ist ganz schrecklich eifersüchtig. Warst du das auch schon einmal?

3. Axel rächt sich an seinem Freund. Verstehst du das?

4. Lisa schreibt nach dem Treffen am Kletterbaum eine E-Mail an Kim. Was steht da wohl drin?

5. Was erzählen sich Jan und Axel, als sie zusammen auf dem Rad heimfahren?

6. Dennis fragt seinen Bruder nach den Mädchen aus. Welche Fragen könnte er stellen?

7. Wie stellst du dir eine richtige Zicke vor? Wie trägt sie die Haare? Wie ist sie gekleidet? Male sie!

Hast du Lust, uns eine deiner Antworten oder das gemalte Bild zu schicken? Als Dankeschön verlosen wir unter den Einsendern zweimal jährlich tolle Buchpreise aus unserem aktuellen Programm!
Eine Auswahl der Einsendungen veröffentlichen wir außerdem auf unserer Homepage www.lesedetektive.de.

Wenn du alle Fälle im Buch richtig gelöst hast, kannst du hier das Lösungswort eintragen:

__ I __ __ __ __ __ K __

1. _ 2. 3. 4. 5. 6. _ 7.

Duden-Lesedetektive: Leseförderung mit System

1. Klasse · 32 Seiten, gebunden

- Finn und Lili auf dem Bauernhof · ISBN 978-3-411-70782-9
- Eine unheimliche Nacht · ISBN 978-3-411-70788-1
- Franzi und das falsche Pferd · ISBN 978-3-411-70790-4
- Ein ganz besonderer Ferientag · ISBN 978-3-411-70795-9
- Das gefundene Geld · ISBN 978-3-411-70799-7
- Amelie lernt hexen · ISBN 978-3-411-70804-8
- Das Picknick im Wald · ISBN 978-3-411-70809-3
- Die Schildkröte im Klassenzimmer · ISBN 978-3-411-70814-7
- Ein Bär reißt aus · ISBN 978-3-411-70815-4
- Neue Nachbarn für Ole · ISBN 978-3-411-70820-8

2. Klasse · 32 Seiten, gebunden

- Die Prinzessin im Supermarkt · ISBN 978-3-411-70786-7
- Auf der Suche nach dem verschwundenen Hund · ISBN 978-3-411-70783-6
- Emil und der neue Tacho · ISBN 978-3-411-70789-8
- Ein bester Freund mal zwei · ISBN 978-3-411-70796-6
- Eine Sommernacht im Zelt · ISBN 978-3-411-70800-0
- Das Gespenst aus der Kiste · ISBN 978-3-411-70805-5
- Ein blinder Passagier · ISBN 978-3-411-70807-9
- Ein Tag auf dem Pferdehof · ISBN 978-3-411-70816-1
- Lilli und die Riesenkrake · ISBN 978-3-411-70817-8
- Anna und der Meerschweinchenvampir · ISBN 978-3-411-70821-5
- Svenja will Windpocken haben · ISBN 978-3-411-70826-0

3. Klasse · 48 Seiten, gebunden

- Anne und der geheimnisvolle Schlüssel · ISBN 978-3-411-70787-4
- Eins zu null für Leon · ISBN 978-3-411-70784-3
- Viktor und die Fußball-Dinos · ISBN 978-3-411-70793-5
- Nelly, die Piratentochter · ISBN 978-3-411-70797-3
- Herr von Blech zieht ein · ISBN 978-3-411-70802-4
- Prinz Winz aus dem All · ISBN 978-3-411-70806-2
- Herr von Blech geht zur Schule · ISBN 978-3-411-70812-3
- Nelly und der Piratenschatz · ISBN 978-3-411-70818-5

4. Klasse · 48 Seiten, gebunden

- Der schlechteste Ritter der Welt · ISBN 978-3-411-70798-0
- Kira und die Hexenschuhe · ISBN 978-3-411-70803-1
- Die Inselschüler – Gefahr im Watt · ISBN 978-3-411-70808-6
- Betreten verboten! · ISBN 978-3-411-70813-0
- Zwei Jungs und eine Zicke · ISBN 978-3-411-70819-2
- Die Inselschüler – Der Fall Hampe · ISBN 978-3-411-70825-3

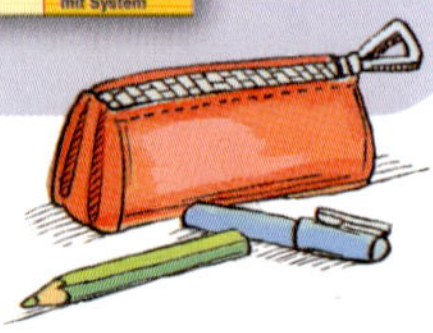

Ihre Meinung ist uns wichtig! Wie gefällt Ihnen dieses Buch?
Wir freuen uns auf Ihre Rückmeldung unter **www.duden.de/meinung**

Gefunden!
Knote den Streifen einfach an das Lesebändchen an und fertig ist dein Morsealphabet! Neben jeder richtigen Antwort im Buch steht ein Morsezeichen, das du im Alphabet wiederfindest. Setze nun auf der letzten Seite die Buchstaben zum Lösungswort zusammen.